मुसाफ़िर खोया कहीं

OrangeBooks Publication

Smriti Nagar, Bhilai, Chhattisgarh - 490020

Website: **www.orangebooks.in**

First Edition, 2023

मुसाफिर खोया कहीं

रास्ते दिखायेंगे मंजिलों के सफर

सुनित हरीश कटियार

OrangeBooks Publication

www.orangebooks.in

मेरी प्रिय दादी को समर्पित

मेरी पहली मोहब्बत की आस हैं दादी,

मेरी हर ख्वाहिश की फरियाद हैं दादी।

मै खुदा से पहले दादी का नाम लूंगा,

क्योंकि मेरी धड़कन की साज हैं दादी।।

अनुक्रम

~ मुरली की तान से ~

कोई तो प्यार की तान छेड़े,

है जन्म मुरली बजइया का।

आज मंदिरों को सज जाने दे,

है जन्म कृष्ण कनहिया का।

आज थिरक जाने दे गोपियों को,

है जन्म रास रचयिया का।

खुल जाने दो ताले - हथकड़ी सारे,

है जन्म करामात करइया का।

हो जाने दो नदियों मे उफान,

है जन्म तारन हरइया का।

कर लो हृदय माखन सा कोमल,

है जन्म माखन खबइया का।

खोल दो सारी गायों को,

है जन्म गाय चरइया का।

खोल हृदय कर लो प्यार,

है जन्म संकट हरइया का।

बहने दो ममता मे सारी दुनिया को,

है जन्म सुत यशोदा मइया का।

बढ़ जाने दो पाप को हद तक,

है जन्म कंस बध करइया का।

रोक न कदमों को चल मंदिर की ओर,

है जन्म मोरे सांवरिया का।

~ इश्क़ का हिसाब ~

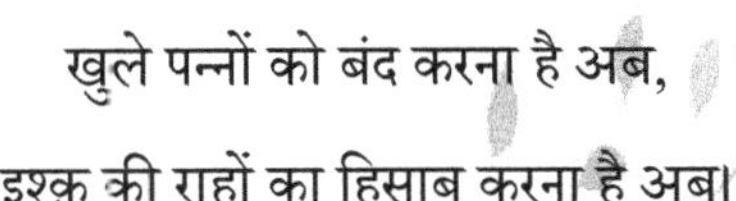

खुले पन्नों को बंद करना है अब,

इश्क़ की राहों का हिसाब करना है अब।

चलें कहीं बेहिसाब टेढ़ी मेढ़ी सड़कों पर,

सीधी सड़कों से गुजरना बंद करना है अब।

ख़ामोश पड़ी हैं पहाड़ियों की पगडंडी,

उनमें जाकर खुद की तलाश करना है अब।

खुले पन्नो को बंद ....

बहुत जी लिये ज़िंदगी ग़ैरों के वास्ते,

नुमाइशों की दुनिया से मुँह मोड़ना है अब।

ऐ आसमाँ वाले तेरी चाहत में रंग ले मुझे,

तेरे पैरों के नीचे मज़ार बनाना है अब।।

खुले पन्नों को बंद करना है अब,

इश्क़ की राहों का हिसाब करना है अब।

~ तेरी गली और दरख़्त ~

तेरी गली और दरख़्त एक दूसरे का मुँह ताकते हैं,

अब क्यों न कोई, हमको झांकते हैं।

तू गई तो सारा शहर छोड़ कर,

पर हमारे तो वो ही रास्ते हैं।

फ़र्क़ सिर्फ़ इतना है तब में और अब में,

तब तू हमारी थी और अब हम तेरे वास्ते हैं॥

तेरी गली और दरख़्त एक दूसरे..........

हाँ, इश्क़ तन्हा है तो क्या हुआ,

पर आँखों के ख़्वाब अब भी तेरे लिए जागते हैं।

सर्द हवाओं से न पूछ मेरे हालात,

वो भी तेरे दर्द से साँय-साँय बाजते हैं॥

तेरी गली और दरख़्त एक दूसरे का मुँह ताकते हैं,

अब क्यों न कोई, हमको झांकते हैं।

~ ऐ जिंदगी तू भी बड़ी अजीब है ~

ऐ जिंदगी तू भी बड़ी अजीब है,

किसी की रकीब है तो किसी की नसीब है।

पल दर पल तेरे फैसले बदलते रहे,

चाहा जिसे मैंने वो सारे बिछड़ते रहे।

तू देती रही गम हमको इस कदर,

जैसे कि तू मेरे सनम के बहुत करीब है।

ऐ जिंदगी तू भी बड़ी अजीब........

ऐ जिंदगी तू इतनी क्यों मगरूर है,
है अगर तू तनहा तो मेरा क्या कसूर है।
तू रूठी हुई है हमसे इस कदर,
जैसे कि तू मेरी बेवफ़ा हबीब है।

ऐ जिंदगी तू भी बड़ी अजीब........

आज-कल मंज़िल भी ठुकरा देती है,
बस एक डगर है जो मेरा साथ देती है।
तनहाईयों ने भी साथ दिया इस कदर,
जैसे कि तू भी मुकद्दर सी बदनसीब है।

ऐ जिंदगी तू भी बड़ी अजीब है,
किसी की रकीब है तो किसी की नसीब है।

~ नाकाम हूँ मैं ~

माना कि नाकाम हूँ मैं,

सच ये भी है कि नादान हूँ मैं।

मुसाफ़िर हूँ तो चला जाता हूँ,

हालाँकि रास्तों से अज्ञात हूँ मैं।

शहर भर की चकाचौंध से घबरा जाता हूँ शायद,

क्योंकि सच ये है कि गाँव से हूँ मैं॥

माना कि नाकाम हूँ मैं........

ख़ुशी से डर जाता हूँ अक्सर,

ग़मों से जो परेशान हूँ मैं।

प्यार, मुहब्बत और इश्क़ ये सुने हैं किसी और से शायद,

क्योंकि सच ये है कि इन सब से अनजान हूँ मैं॥

माना कि नाकाम हूँ मैं........

रिश्तों के भावों में बह जाता हूँ,

इनके टकराव से निराश हूँ मैं।

साथ देने वालों से घबरा जाता हूँ शायद,

क्योंकि सच ये है कि दिल का साफ़ हूँ मैं॥

माना कि नाकाम हूँ मैं,

सच ये भी है कि नादान हूँ मैं॥

~ मै ~

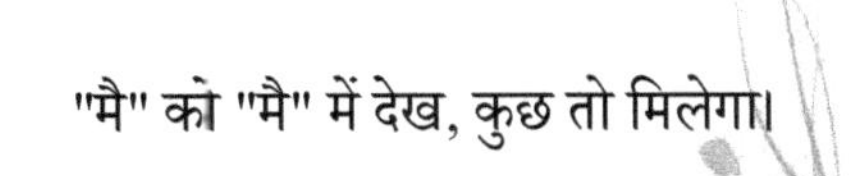

"मै" को "मै" में देख, कुछ तो मिलेगा।

जो मिलेगा "मै" में, वो ही दुनिया में खिलेगा।।

दुनिया की बातों में न हो परेशान ऐ मुसाफिर।

जो मै में झाँकेगा, तो हर कठनाई का हल मिलेगा।।

ये जो दुःख और सुख हैं, ये महज एक छलावा है।

जो "मै" को तराशोगे तो सुख ही सुख मिलेगा।।

"मै" को "मै" में देख, कुछ तो...........

एक हार से मत हार कभी, कर कोशिश तो जीत मिलेगा।

इन छोटी-छोटी हार से डरोगे, तो कुछ न मिलेगा।।

ये जो हार और जीत है, महज एक नज़रिया है।

जो "मै" में झांकेगा तो, हार में भी जीत मिलेगा।।

"मै" को "मै" में देख, कुछ तो ....

सोच के दायरे इतने बुलंदियों तक ले चल।
कि मंजिलों को भी, आसमां सा मुकाम मिलेगा।।
ये जो मंजिल और मुकाम हैं, ये बस "मै" से हैं।
जो "मै" में खोजेगा, तो मंजिल को भी मुकाम मिलेगा।।

"मै" को "मै" में देख, कुछ तो मिलेगा।
जो मिलेगा "मै" में, वो ही दुनिया में खिलेगा।।

~ बहुत कुछ अपने नाम किये हो ~

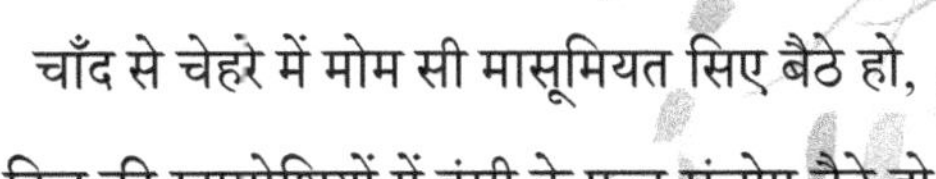

चाँद से चेहरे में मोम सी मासूमियत सिए बैठे हो,

दिल की ख़ामोशियों में हंसी के फूल संजोए बैठे हो।

ज़ुबान में राजभोग सी मिठास लिए बैठे हो,

खिले हुए गुलाब सी मुस्कराहट लिए बैठे हो,

चंद पलों में सबको अपना बना लो,

ऐसी एक चैत की बरसात लिए बैठे हो।

चाँद से चेहरे में मोम सी मासूमियत.............

आँखों में पैमानों सी शराफत लिए बैठे हो,

होंठो में एक खामोश तूफान लिए बैठे हो,

बहुत कोशिश की कुछ समझ लूँ आपको,

पर आप हैं कि हर ज़बाब में हजारों सवाल लिए बैठे हो।

चाँद से चेहरे में मोम सी मासूमियत...........

ज़िंदगी गुलफ़ाम सी लिए बैठे हो,

छोटी सी बाहों में पूरा आसमान लिए बैठे हो,

अरे, हम चले थे आपको लिखने,

पर आप हर लफ्ज़ में राज लिए बैठे हो।

चाँद से चेहरे में मोम सी मासूमियत सिए बैठे हो,

दिल की ख़ामोशियों में हंसी के फूल संजोए बैठे हो।

~ जननी माँ ~

ऐ जननी तू ही आधार है।
तू जीवन का अंत तो तू ही जीवन का सार है॥

तू लफ़्ज़ों की मीत तो तू ही शब्दों की हार है,

तू पानी की बूँद तो तू ही सावन की फुहार है।

तू दिल की धक-धक तो तू ही साँसों की तार है,

तू एक छोटा सा कोना तो तू ही सारा संसार है॥

रे जननी तू ही आधार है.......

तू अंधकार सी रात तो तू ही चाँदनी सा विस्तार है,

तू तूफ़ानी टकराव तो तू ही तारनहार है।

तू मौत की अंगड़ाई तो तू ही पालनहार है,

तू अधूरा श्लोक तो तू ही गीता का सार है।।

ऐ जननी तू ही आधार है।

तू जीवन का अंत तो तू ही जीवन का सार है।।

~ महान व्यक्तित्व ~

जब झांकू अंतःकरण से,

सब होय जैसे बाहर सजोए।

उच्च विचार आचरण सादा,

क्षण रेत तृप्त से क्षण शीतल होए।

शब्द विनम्र मित्रवत व्यवहार,

अक्षोभ गगन से, संबल विचार।

सकल प्रभावित मै संचय करूं,

हैं सद्भावना, कर्म-शील के भंडार।

समभाव दृष्टि से सबको देखा,

दर्प, कोप न हमने देखा।

सहस्र जनों के तुम प्रतिपालक,

सद्भाव हृदय संग मर्यादा रेखा।

दीन सहचर को भी संग बिठाते,

चिरकालिक से ये प्रीत निभाते।

सोच हो जैसे व्योम समान,

उन्नयन प्रगति के मार्ग बताते।

क्षीर सिन्धु के अविरल प्रवाह,

हैं सोम गगन इनके गवाह।

~ माँ तेरा ही जमीं हूँ ~

एक आसमां तू मेरा और मै तेरा जमीं हूँ,

एक सूरज तू मेरा मै तेरी रोशनी हूँ।

तेरे बगैर मै कुछ भी तो नहीं,

तू है तो सबकुछ वरना आँखों की नमी हूँ।

तू मेरा समय तो मै टिक-टिक घड़ी हूँ,

तू मेरा सावन तो मै बूंदों की झड़ी हूँ।

सब कुछ है ख़ाली-खाली तेरे बिन,

तू है तो सबकुछ वरना एक अधूरी कड़ी हूँ।

तू ज्ञान का सागर तो मै तेरी नदी हूँ,

तू मेरा पूरा स्कूल तो मै तेरी डिग्री हूँ।

कुछ न है तेरे बिन मेरी जिन्दगी में,

तू है तो पूरा हूँ वरना अधूरी सदी हूँ।

~ हम भी रखते हैं ~

तूफान में कश्ती चलाने की हिम्मत हम भी रखते है,

और दुश्मनों से प्यार करने का जज़्बा हम भी रखते हैं।

हम हिन्दुस्तानियों से पंगा मत लेना सुन ले,

तुम अगर कश्मीर मांगोगे, तो लाहौर छीनने की हिम्मत हम भी रखते हैं।

ऐ हवा बता दे उस कमज़र्फ़ दुश्मन को कि क्या हैं हम,

वरना तोपों से बात करने की आदत हम भी रखते हैं।

हमारी खामोशी गांधी जी का एक नजरिया है,

वरना कारगिल का दहलता खून हम भी रखते हैं।।

तूफान में कश्ती चलाने की ....

हम हिन्दुस्तानियों को मुसाफिर न समझना जो,

हर राह पे अनाड़ी की तरह चलते हुए मंज़िल खोजते हैं।

हमें तो आदत मंज़िलों को नए रास्ते से पाने की,

वरना पुराने रास्ते पर चलकर दूसरों के घर छीनने हिम्मत हम
भी रखते हैं।।

तूफान में कश्ती चलाने की.........

ये मत समझना कि हमें नजर नहीं तेरी हरकत की,

बस ये समझ लो अब हमें चाहत नहीं नफरत की।

इतनी खामोशी की हमने कुछ तू खामोश रह,

वरना सबके घर में घुसकर औकात में लाने की आदत हम भी रखते हैं।

तूफान में कश्ती चलाने की हिम्मत हम भी रखते हैं,

और दुश्मनों से प्यार करने का जज़्बा हम भी रखते हैं।

हम हिन्दुस्तानियों से पंगा मत लेना सुन ले,

तुम अगर कश्मीर मांगोगे, तो लाहौर छीनने की हिम्मत हम भी रखते हैं।

~ दीप ऐसा जलाओ ~

मन में न रहे अंधकार, दीप ऐसा जलाओ रे।

पहले स्नेह लुटाओ, तब खुशियों के गीत गाओ रे॥

नयी कल्पना और नयी सोच से नया जहान बनाओ रे।

फिर वही मिट्टी के दिए, कोना-कोना बिछाओ रे॥

आज तो रोशन करना है सारा आसमां, मिलकर कसम उठाओ रे।

कर गरीबों के घर रोशन, इंसानियत की भी प्रीत निभाओ रे॥

मन में न रहे अंधकार, दीप ऐसा जलाओ रे.........

खेल फिर वो बचपन के, बच्चों से बन जाओ रे।

छोड़ ज़माने की फिकर, लाई-खील को तौल के दिखाओ रे॥

मिठाई तो बांटते हो, आज खुद मीठा बन जाओ रे।

छोड़ सारी कड़वाहट, सबको गले लगाओ रे।

मन में न रहे अंधकार, दीप ऐसा जलाओ रे......

बम-पटाके कर बन्द, पर्यावरण को भी बचाओ रे।

कर सफाई गली-कुंचो की, देश साफ कर दिखाओ रे।।

एक झाड़ू को, अंतर्मन में भी लगाओ रे।।

अंदर-बाहर को कर साफ़, जीवन सरल बनाओ रे।।

मन में न रहे अंधकार, दीप ऐसा जलाओ रे।
पहले स्नेह लुटाओ, तब खुशियों के गीत गाओ रे।।

~ कहीं चार वर्ष के ~

यही कहीं चार वर्ष के थे, चलकर नन्हे पैरों से पहुंचे थे कहीं।

रोते हुए मुझे देख, चुप करवाए थे वहीं॥

पाटी पे हाथ पकड़ कर अ आ लिखवाया था,

डांट डपट के पहाड़ा भी याद करवाया था।

मेरी माँ ही पहली टीचर हैं जिन्होंने,

इस दुनिया से खुद का पहचान करवाया था॥

यही कहीं चार वर्ष के थे, चलकर नन्हे पैरों से ....

मै बेसुध बेबाक कुछ समझ न पाया था,

पगडंडी की राह ने भी मुझे उलझाया था।

चलना इतना आसान न था उन राहों पे पर पापा ने,

एक उंगली पकड़ कर हर कदम पे साथ निभाया था॥

यही कहीं चार वर्ष के थे, चलकर नन्हे पैरों से ....

जमीं पे चलकर आसमां का रास्ता बतलाया था,

अच्छाई और बुराई में भेद भी समझाया था।

समंदर तो परखता है हौंसले कश्तियों के,

और टीचर ने मुझसे डूबती कश्तियों को जहाज बनवाया था।

यही कहीं चार वर्ष के थे, चलकर नन्हे पैरों से पहुंचे थे कहीं।

रोते हुए मुझे देख, चुप करवाए थे वहीं।।

~ देश तुम चलो ~

चीर सीना धरती का जो अनाज को उगाए है,

देश तुम चलो देश तुम चलो जिधर बिगुल बजाए हैं।

पसीने से लथ-पथ होकर भी जो धरा पर हल चलाए है,

खुद जो खाए सड़ा-गला पर दुनिया को अच्छा खिलाए है।

जो लड़ते हैं मौसम की विपरीत आपदाओं से,

उनको ही न जाने क्यों सरकार भी भुलाए है।

चीर सीना धरती का जो अनाज......

इस बढ़ती महंगाई में भी अपनी भूमिकाएं निभाए है,

न मिल पाये कीमत फसलों की, फिर भी फसल उगाए है।

उठो धरा के सोए लोग और किसानों का साथ दो,

जो साथ न दिया अन्नदाता का, तो क्या फिर कमाए है।

चीर सीना धरती का जो अनाज......

चलो कभी तो उस ओर जिस ओर भूमिपुत्र कदम बढ़ाए है,

एक लड़ाई लड़ो उनके लिए भी, जो न जाने क्यों फांसी लगाए हैं।

खोज निकालो सब मिलकर एक ऐसा हल और,

चले एक ऐसी आंधी जो इनकी सारी तकलीफें मिटाएं है।

चीर सीना धरती का जो अनाज को उगाए है,

देश तुम चलो देश तुम चलो जिधर बिगुल बजाए है।

~ हासिल करो मंजिलें ~

वीरों संभल जाओ कि ये देश तुम्हें बुलाये है,

हासिल करो मंजिलें जो रास्ते बनाये है।

याद करो वो मंजर जो वीरों ने निभाये है,

आजादी की खातिर सांसों को भी गवांये है।

यूं राजनीति को गन्दा कहोगे तो कुछ न होगा,

घुस जाओ इस चक्रव्यूह मे, करनी तुम्हें सफाई है।

वीरों संभल जाओ कि ये देश तुम्हें................

याद कर बलिदान शहीदों के जो तूने भुलाये है,

ये जो जी रहा है जिंदगी उनकी अरथी पर बनायी है।

लड़ तू भी करप्टेड सिस्टम से,

जो आजादी को भी गुलाम बनाये है।

वीरों संभल जाओ कि ये देश तुम्हें.........................

छोड़ लापरवाही का ढोंग जो तूने बनाये है,

मंजिलें चलने से ही हासिल होगी, ये क्यों तू भुलाये है।

कल जो न तेरा था न होगा,

फिर कल की वजह से क्यों आज लुटाये है।

वीरों संभल जाओ कि ये देश तुम्हें बुलाये है,

हासिल करो मंजिलें जो रास्ते बनाये है।

~ माँ के नवरात्रि ~

कि मेरी मातारानी के नवरात्रे आए हैं,

सारे मिलकर मन्दिरों में दीप जलाए हैं।

दुःख तारकर सुख को बनाए हैं,

बस इसी तरह माँ अपने बेटों से रिश्ता निभाए हैं।

मेरी जननी तेरा कैसे करूं बखान मै,

हर कठिन रास्ते पर तू ही चलना सिखाए हैं।

आजा कि मेरी मातारानी के नवरात्रे आए.........

तू तारणहार और तू ही पालनहार है,

तू मेरा शिव और तू ही शिवाय है।

तू मेरी खुशियों की सखी है और,

पड़े जब दुःख कोई तो तू ही हुई सहाए है।

आजा कि मेरी मातारानी के नवरात्रे आए.........\

जो सच्चे दिल से मैया के दरबार जाए है,

उसकी नैया को झट ही पार लगाए है।

मेरी माँ जैसा कोई और नहीं,

जो रोए उसका बेटा, तो खुद ही दौड़ी चली आए है।

आजा कि मेरी मातारानी के नवरात्रे आए हैं,

सारे मिलकर मन्दिरों में दीप जलाए हैं।

~ मै नया साल ~

मै नया साल, एक नया साल बन जाने आया हूँ।
मै कली फूल की, एक नया फूल बन जाने आया हूँ।।

फिर वो ही लम्हे, यादों में पिरो लाया हूँ।
एक हंसता हुआ सूरज, थाली में सजों लाया हूँ।।
लहजो को थोड़ा खामोश रखो,
मै खुद खुशियों का तूफान बन कर आया हूं।।

मै नया साल, एक नया साल...........

अनसुलझी सी पहेलियों को फिर सुलझा लाया हूँ।
भूली बिछरी कहानियों को फिर पूरा करने आया हूँ।।
लो संभालिए अपने आंचल को,
मंजिलें ही मंजिलें फिर दामन में सजो लाया हूँ।।

मै नया साल, एक नया साल...........

जो चलते वक़्त के साथ, सफलता उनके लिए गढ़ लाया हूँ।
जो हैं मगन अपने मंजिलों में, उनके लिए इतिहास बन जाने आया हूँ।।
जो अभी तक सोए हुए हैं उठकर देखो तो,
एक और मौका, साथ में होपों के तोहफे भी गढ़ लाया हूँ।।

मै नया साल, एक नया साल बन जाने आया हूँ।
मै कली फूल की, एक नया फूल बन जाने आया हूँ।।

~ मजबूरी ~

मज़दूरों की मजबूरी अब देखी नही जाती,

हम हैं कि अपनी लाचारी फेंकी नही जाती।

जिनको नाज़ था अपनी मेहनत पर,

काम करके दो वक्त की रोटी खाते।

आज पैरों में छाले हैं और है बेबसी लिए,

अब मुक़द्दर की चोटें देखी नही जाती।।

मज़दूरों की मजबूरी अब देखी नही ....

हवायें भी नमी लिए आसमाँ भी रोया है,

इनके दुःख देख कर वो परमात्मा भी तो रोया है।

भिगो लो तुम भी आँख पानी में,

ज़रा दर्द को महसूस करो अब पत्थर दिल पे साज देखी नही जाती।।

मज़दूरों की मजबूरी अब देखी नही ....

साहस भी डगमगा गया अच्छे अच्छों का,

दिल पत्थर का हो जैसे सरकारों का।

परदेसी आए सुख सुविधाओं में और,

देश के ज़ख्मों की लाचारी अब देखी नही जाती।।

मज़दूरों की मजबूरी अब देखी नही जाती,

हम हैं कि अपनी लाचारी फेंकी नही जाती।।

~ अब तो ऊँचा राम बनाओ ~

छल भरे कपट को छोड़, अंतरात्मा के रावण जलाओ।
बहुत हो गया ऊँचा रावण, अब तो ऊँचा राम बनाओ।।

दो मुंह के दुनिया वाले, पहले जीवित रावण मार गिराओ।
अबला नारी की लुटती लाज को, सब मिलकर आज बचाओ।
नैतिकता - सीता बेचारी, करती चीख पुकार।
हर गली के रावण को छोड़कर, कागजी रावण न जलाओ।।

छल भरे कपट को छोड़, अंतरात्मा के रावण...........

रिश्वतखोरी, कामचोरी का कर त्याग, एक नए समाज का आधार बनाओ।

काट पर्वतों से पापों का, आज का मांझी बन जाओ।।

धर्म पे लड़ना छोड़, अब इंसानियत का मान बढ़ाओ।

राजनीति को झोंक आग में, हिंदुस्तान को अब स्वर्ग बनाओ।

छल भरे कपट को छोड़, अंतरात्मा के रावण जलाओ।

बहुत हो गया ऊँचा रावण, अब तो ऊँचा राम बनाओ।।

~ २६/११ ~

सहज नही है २६/११ को बतलाना।

गोलियों की आवाज़ों से मुंबई का हिल जाना॥

वो ख़ुशियों के पल, मातम में ढल जाना,

खिलखिलाते चेहरे पर, ख़ौफ़ का दस्तक दे जाना।

इतना आसान नही थी वो काली रात,

बच्चे जवान क्या बूढ़ों का भी मिट जाना॥

सहज नही है २६/११ को बतलाना.....

वो दौड़ता शहर, एकदम थम जाना,

इंसानियत की कोलाहल में, हैवानियत का जम जाना।

रूह कांप जाती, जब भी वो मंजर याद आए और

याद उन्हें भी करते हैं, जिनकी शहादत पर ये सब थम जाना॥

सहज नही है २६/११ को बतलाना।

गोलियों की आवाज़ों से मुंबई का हिल जाना॥

~ माँ ~

बचपन में मेरे साथ ही जागा करती थी,

खुद भूखी रहकर हमको खिलाया करती थी।

अक्सर ही खिलौनों से रिझाया करती थी,

अपने बाहों के पालने में झुलाया करती थी।

जब तुम नहीं होती हो जग खाली-खाली रहता है,

हर पल खुशी का तेरे बिन बबाली सा रहता है।

अब इसे मुकद्दर कहूं या खुदा की इनायत,

तू है तो वजूद है मेरा, नहीं तो सब एक बीता हुआ कल सा रहता है।

मुझे लाड करने वाली, तुम बिन जिंदगी भी सबाली लगती है,

कभी मेरी खुदा तो कभी इनायत सी लगती है।

मुकद्दर भी मेरे दर पर तेरे प्यार की भीख मांगता है,

न जाने तू क्यों मुझको मेरी सारी कहानी सी लगती है।

उस खुदा के रहमो करम है हम पर,

दूर रहकर भी तू हर पल करीब सी लगती है,

न जाने क्यों मुझे मेरी नसीब सी लगती है।

आशियां मेरा तेरे दम पर ही है ऐ मेरी माँ,

हर खुशी और गम की तू ही हबीब सी लगती है।

~ मै आशिक मस्त बहार का ~

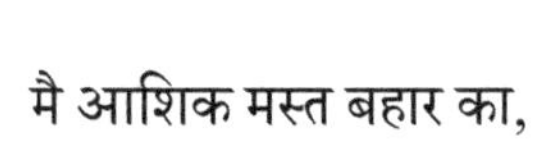

मै आशिक मस्त बहार का,

लेता हूं मज़ा बस इंतजार का।

जिंदगी अपनी धुन के नगमे गाती है,

बस समय ही अपने कायदे निभाती है।

है जब सब पहले से ही लिखा,

तो फिकर क्या करना इस अंधकार का।

मै आशिक मस्त बहार.........

वायदे करके लोग मुकर जाते हैं,

बस यहां मोहब्बत ऐसे ही निभाते हैं।

हैं जब लिखे तनहाईयों के आलम,

तो फिकर क्या करना उसके इनकार का।

मै आशिक मस्त बहार........

गम में सब साथ छोड़ जाते हैं,

वक़्त भी बेवक्त घाव दे जाते हैं।

है जब खुद ही उठाना कारवां-ए-दर्द,

तो फिकर क्या करना जमाने के संस्कार का।

मै आशिक मस्त बहार का,

लेता हूं मज़ा बस इंतजार का।

~ ज़िंदगी झूठ खड़ी ~

ज़िंदगी जो झूठ खड़ी है उसको कौन टोके,

मौत जो सच की झड़ी है उसको कौन रोके।

जो होना है वो होकर रहेगा,

पल पल की कहानी को एक पल ही कहेगा।

सस्ती हों या महँगी, साँसें साँसें हैं,

न इनको आसमाँ बरसाए और न धरती सोके॥

ज़िंदगी जो झूठ खड़ी है उसको कौन टोके...........

ये जो हमारे मोह से सने हैं,

वो सारे हमारे डर की तने हैं।

डर सा जाता हूँ जब कोई अपना जाता है,

पराये हो जाएँ तो कोई न रोके।।

ज़िंदगी जो झूठ खड़ी है उसको कौन टोके,

मौत जो सच की झड़ी है उसको कौन रोके।

~ महोत्सव मेरे बापू का ~

सत्य अहिंसा के थे जो पुजारी,

हिम्मत जिन्होंने ने कभी न हारी।

आज महोत्सव है उस करमचंद का,

जो अंग्रेजों पे रहे सदा ही भारी।

दीन हीन के थे जो हितकारी,

बिना हथियार के भी थे जो बलकारी।

आज उस मोहनदास का है महोत्सव,

जिसके आगे अंग्रेजो के भागने की थी लाचारी।

लड़ी लड़ाइयाँ आजादी की ऐसे थे खादी धारी,

एक अकेला खड़ा था जो सारे अंग्रेज़ो पर भारी।

आज महोत्सव है मेरे बापू का,

जिसने सारी दुनिया को अहिंसा की आदत डारी।

~ मेरे महबूब ~

मेरे महबूब मेरी कहानी लिख दे,

पूरी न सही अधूरी ही लिख दे।

हर वक्त तेरी खुशी की दुआ मांगी,

और हर पल तेरी मौजूदगी मांगी।

मेरी धड़कनों न समझ कोई बात नही,

कम से कम मेरी सांसों की रवानी लिख दे।

मेरे महबूब मेरी कहानी. ....

आज तू चल दिया मेरा दिल तोड़कर,

हमेशा के लिये मुझसे मुंह मोड़कर।

खुशी तो तू मुझे दे नही सकता,

कम से कम गमों की जुबानी लिख दे।

मेरे महबूब मेरी कहानी. ....

दिल क्यों तोड़ा रिश्ता जोड़कर,
कहाँ गया तू हमको तड़पता छोड़कर।
आज भी दिल रोता है तेरी चाहत मे,
इस दर्द-ए-दिल की कहानी लिख दे।

मेरे नहबूब मेरी कहानी लिख दे।
पूरी न सही अधूरी ही लिख दे।

~ माँ देखो न ~

माँ देखो न मैं, कितना बड़ा हो गया हूँ।।

रात दिन नींद में रहा जो, अब रातों में सोता नहीं हूँ।

एक तेरे आंचल में जन्नत का बसर करता था,

अब मैं तेरा लाडला, जमीं पे लेटा करता हूँ।।

तेरी एक हल्की सी डांट, जो फूट-फूट कर रोने वाला।

अब जिस्म छलनी है पर अब रोता नहीं हूँ।।

माँ देखो न मैं........

तेरे उंगली पकड़ के राह चलना सीखा जो मैं,

अब जिंदगी की भाग-दौड़ में लड़खड़ाता भी न मैं।

ख्वाब सारे पूरे हो गए मेरे,

अब सब पाकर भी माँ, तेरा होता नहीं हूँ।।

माँ देखो न मैं...........

तेरे हाथ का खाना खाने वाला, अब होटल की बेस्वाद भोग खा रहा हूँ।

मैं तेरी दुनिया का राजा बेटा, अब किसी का नौकर बन रहा हूँ।।

आंसू जो लाए मेरे आखों में, तू उससे लड़ जाती थी न।

माँ तेरी तालीम के खातिर, किसी से लड़ता नहीं हूँ।।

माँ देखो न मैं, कितना बड़ा हो गया हूँ।।

रात दिन नींद में रहा जो, अब रातों में सोता नहीं हूँ।

~ बहुत बाकी है ~

अभी तो जिंदगी के पड़ाव बहुत बाकी हैं।

अभी कहाँ कुछ देखा है, अभी तो तूफानों के झुकाव बहुत बाकी हैं।।

जज्बा कुछ कर गुजरने का आसमानों पे फिर ले जाएगा,

आज की असफलता, कल की सफलताओं में ले जाएगा।

तकदीरों की बदकिस्मती का रोना नहीं रोना है,

चल देंगे अगर फिर मिलकर तो पर्वतों के झुकाव अभी बाकी है।

अभी तो जिंदगी के पड़ाव बहुत बाकी हैं।

अभी कहाँ कुछ देखा..........

आज हम सब आपकी मेहनत पे इतराते हैं,

तुम्हे दिल से सैल्यूट भी करते हैं।

मंजिलों का क्या, फिर पा लेंगे,

तुम्हारा साथ रहा तो आसमां के झुकाव अभी बाकी है।।

अभी तो जिंदगी के पड़ाव बहुत बाकी हैं।

अभी कहाँ कुछ देखा है, अभी तो तूफानों के झुकाव बहुत बाकी हैं।।

~ कहानी हिंदुस्तान की ~

आज मै हमारे हिंदुस्तान की कहानी गाता हूँ,
तू कर नफरत हमसे, मै प्रेम के गीत सुनाता हूँ।

है कलाम जैसा विद्वान जहां,

है असफ़ाक सा बलिदान वहां।

जहां हैं एक ओर गांधी के पाठ,

तो दूसरी ओर भगत का इतिहास दोहराता हूँ।

आज मै हमारे हिंदुस्तान की कहानी........

है टेरेसा जैसा वात्सल्य जहां,

है अटल सा राजनीतिक वहां।

जहां एक ओर हिमालय सी शांति,

तो दूसरी ओर कारगिल की याद दिलाता हूँ।

आज मै हमारे हिंदुस्तान की कहानी........

है साईं सा स्नेह जहां,

है राधा कृष्ण सा प्यार वहां।

जहां एक ओर मर्यादा राम,

तो दूसरी ओर गुरु गोविंद के बलिदान गिनाता हूँ।

आज मै हमारे हिंदुस्तान की कहानी गाता हूँ,

तू कर नफरत हमसे, मै प्रेम के गीत सुनाता हूँ।

~ सुरक्षा साथ है तो मुमकिन है ~

सुरक्षा साथ है तो मुमकिन है, सफल हो जाना।

सुरक्षित हाथ हैं तो मुमकिन है, जीवन में आगे बढ़ जाना॥

छोटी-छोटी घटनाओं को नज़र अन्दाज़ न कर जाना,

एक बार गिरे हो तुम तो दोबारा न गिर जाना।

आगे बढ़कर हम सब एक ठोस कदम उठायें,

दूसरों का ख़्याल है तो मुमकिन है, आगे निकल जाना॥

सुरक्षा साथ है तो मुमकिन है

आग लगी हो कपड़ों में, तो तुम दौड़ न जाना।

कोशिश कर कि लोटपोट कर आग बुझाना॥

ऐसी घटनाओं में पानी को न डालना।

अग्निशामक हो तो मुमकिन है, आग का बुझ जाना॥

सुरक्षा साथ है तो मुमकिन है

विद्युत के झटके लगें तो, डंडे की मदद से तार को दूर हटाना।

पैर ऊपर हों सर से, ऐसी अवस्था में उसे लिटाना॥

सांस लेने में हो परेशानी तो, उसको सीपीआर देना।

एम्बुलेंस हो तो मुमकिन है, उसका बच जाना॥

सुरक्षा साथ है तो मुमकिन है, सफल हो जाना।

सुरक्षित हाथ हैं तो मुमकिन है, जीवन में आगे बढ़ जाना॥

~ तोहफे न्यू ईयर के ~

जिंदगी के कुछ हसीन लम्हे निकाल पाया हूँ,

बस उनको ही न्यू ईयर पर तोहफे में भिजवाया हूँ।

खुशियां इन कलियों से लिखवाया हूँ,

आसमानों से मंजिले बनवाया हूँ।

चैत की भरी दोपहर में दे सकें सुकून के पल,

कुछ ऐसी बदलियाँ भिजवाया हूँ।

जिंदगी के कुछ हसीन लम्हे निकाल पाया.....

कांटो की डगर को फूलों से सजवाया हूँ,

भंवरों से उनकी खुशबू भी मंगवाया हूँ।

नहीं देने को है कुछ मेरे पास,

बस कुछ मुस्कराहट भरी दुआ भिजवाया हूँ।

जिंदगी के कुछ हसीन लम्हे निकाल पाया............

चाँद से नूर और सितारों से हूर बनवाया हूँ,

हवा के हाथों से सुकून-ए-संगीत लिखवाया हूँ।

मैं कवि हूँ कोई महल नहीं बनवा सकता,

बस एक आसमानों सा कारवां भिजवाया हूँ।

जिंदगी के कुछ हसीन लम्हे निकाल पाया हूँ,

बस उनको ही न्यू ईयर पर तोहफे में भिजवाया हूँ।

~ ईद ~

ईद में खुशियों की कहानी लिख जाऊंगा।

सबसे मिलकर गले, ईद की प्रीत निभाऊंगा।।

वो बच्चों की आंखों में सपने सुनहरे,

हसीनों के हाथों में मेहंदी के पहरे।

टिम टिम करते उजालों में घर,

आसमानों में भी रोशनी कर जाऊंगा।।

ईद में खुशियों की कहानी लिख...........

भूल कर नफ़रत - अदावत रंज़ो - ग़म शिकवे - गिले,

भेज मोहब्बत का सलाम सबके गले मिलें।

इन नफरतों पे जीत भी पानी है,

ऐसी एक प्यार की अजान सुना जाऊंगा।।

ईद में खुशियों की कहानी लिख...........

तेरी न नेरी, हमारी बन जाएगी,

ये ईद भी दबे पांव न गुजर पाएगी।

चाह कर भी न हो सके पराए भी जुदा,

ऐसी फिजाओं में आशना सी घोल जाऊंगा।।

ईद में खुशियों की कहानी लिख जाऊंगा।

सबसे मिलकर गले, ईद की प्रीत निभाऊंगा।।

~ होली आई रे ~

रंगो पे होने बलिदान, देखो होली आई रे।

कपड़ों में रंग खिला और मन को भी ये भाई रे॥

चल भूल चले ऊंच-नीच का भाव रे।

मिलन गले की, सब मिलकर रीत निभाओ रे॥

खाओ गुझिया-अहिस्सा सारे मिलकर और।

मीठा सा रस होंठों से भी वरसाव रे ॥

रंगों पे होने बलिदान...................

प्रह्लाद की भक्ति को, फिर याद दिलाओ रे।

कचड़े को जलाकर, देश साफ बनाओ रे।।

एक झाड़ू अपने अंतर मन में भी लगाओ रे।

जग साफ के साथ ही अंतर मन को भी महकाओ रे।।

रंगों पे होने बलिदान, देखो होली आई रे।

कपड़ों में रंग खिला और मन को भी ये भाई रे।।

~ इतिहास जगाने आया ~

उठ जाओ कि इतिहास जगाने आया है।
एक बार फिर गणतंत्र दिवस संविधान पढ़ाने आया है।।

दूसरों की सत्ता में, खुद में गुलामी की जंजीरें थीं।
कुछ कही-अनकही सबकी अपनी तकरीरें थीं।।
वो आजादी की कलम जिसे नया इतिहास लिखना था।
उसके ही पन्नो की बिखरी पड़ी तहरीरें थीं।।

उठ जाओ कि इतिहास जगाने आया है,
एक बार फिर गणतंत्र दिवस...

अपनी ही मिट्टी के, कर चुकाने पड़ते थे।

हमारा खाने वाले ही, हमपर कोड़े बरसाते थे।।

कहूं कैसे मंजर वो गुलामी के।

अपने ही वतन में, बागियों का झंडा फहराते थे।।

उठ जाओ कि इतिहास जगाने आया है,

एक बार फिर गणतंत्र दिवस....

१८५७ की क्रांति, १९४७ में रंग दिखलाई थी।

कई शहीदों की कुर्बानी ने, हमको आजादी दिलवाई थी।।

लफ़्ज़ों में बता सकूं ये वो आजादी नहीं।

२६ जनवरी, १९५० से संविंधान ने मनमानी बतलाई थी।।

उठ जाओ कि इतिहास जगाने आया है,

एक बार फिर गणतंत्र दिवस संविधान पढ़ाने आया है।

~ देश की आजादी ~

आज देश की आजादी को, हम सब मिलकर मनाएंगे।

याद शहीदों को कर, दो अश्क भी बहाएंगे।।

है नमन उनकी जिंदगानी को, जो मरकर भी अमर हो गए।

आँखो से होकर ओझल, वो आँखों का पानी हो गए।।

हो गया हिमालय भी बौना, उनकी कुर्बानी के आगे।

जो गिरे धरा पे, तो आसमानी हो गए।।

आज देश की आजादी को, हम सब मिलकर.............

सारे मजहब एक होकर, आजादी की कहानी हो गए।

बहा के लहू खुद का, तिरंगे की जुबानी हो गए।।

दूर आसमानों पे अपनी नजर टिकाओ और देखो,

ये जो शहीद हुए हैं, वो सारे टिम टिम तारे हो गए।।

आज देश की आजादी को, हम सब मिलकर.........

हिंदू मुस्लिम सिख ईसाई, सब हिन्दुस्तानी हो गए।

आज मिले गले तो, तो सारे के सारे रूहानी हो गए।

कभी मिलो दूर गगन के तले, तो बताएं तुमको।

अब लोग भी यहां खानदानी हो गए।।

आज देश की आजादी को, हम सब मिलकर मनाएंगे।

याद शहीदों को कर, दो अश्क भी बहाएंगे।।

~ अगर वो आए न होते ~

इन आँखों में अरमान आए न होते,

अगर वो देखकर यूँ मुस्कराए न होते।

ज़िंदगी तनहाइयों में ही कट जाती,

अगर वो हमारे सपनो में छाए न होते।।

रात में सो रहे होते हम भी आराम से,

अगर वो हमको रात भर जगाए न होते।

शायद हम प्यार का मतलब न जानते,

अगर हम उनको पाए न होते।।

हम तो भूल जाते उनको कुछ ही दिनो में,

अगर वो दोबारा हमारी राहों में आए न होते।

पहली में दिल, दूसरी में चैन, तीसरी में नींद,

हमारी ज़िंदगी में कुछ बच जाता ऐ ख़ुदा,

अगर उनको हमसे बार-बार मिलाए न होते।।

उन्होंने कुछ नही बताया अपने बारे में,

पर जाना बहुत कुछ मेरे बारे में।

शायद हम भी जान लेते उनके बारे में,

अगर वो मेरे दिल को उलझाए न होते।।

एक दिन पूछ ही लिया उनके बारे में,

तो पता चला नाम है वफ़ा।

शायद बहुत कुछ जान लेते हम भी वफ़ा के बारे में,

अगर वो ग़ैर की बाहों में खोए न होते।।

शायद मेरी मुलाक़ात ग़म से न होती,

अगर वो हमको इस तरह तड़पाए न होते।

शायद खड़े हो गए होते हम भी पैरों पर,

अगर हम उनकी राहों पर अपना दिल बिछाए न होते।।

अब हम भी सोचते है तनहाइयों में,

क्यों देखते थे उन्हें अंधेरो की परछाइयों में।

शायद आज हमारा भी कैरियर होता,

अगर वो ज़िंदगी में आए न होते।।

~ अँधेरा ढूँढ रहा ~

अँधेरा ढूँढ रहा कि थोड़ा सा उजाला मिल जाये।

आईना पूछ रहा कि खुद से मिलकर कहाँ जायें॥

रास्ते खुद की फ़िराक़ में न जाने किधर गुम जायें,

मंज़िले भी खूबियों सी रगों में बस जायें।

ऐ मुसाफ़िर तू घबरा न, चल तो हिम्मत तो रख,

हर एक पैर, तेरी ख़्वाहिशों में अड़ जायें॥

अँधेरा ढूँढ रहा कि थोड़ा सा उजाला मिल जाये……

चाँद निकला कि सूरज मिल जाये,

आसमाँ भी इस फ़िराक़ में की ज़मीं से मिल जाये।

लफ़्ज़ जो भी हों लहजों की विरासत हों,

बोलो ऐसे कि सारी महिफ़िले तेरी ग़ुलाम हो जायें॥

अँधेरा ढूँढ रहा कि थोड़ा सा उजाला मिल जाये।

आईना पूछ रहा कि खुद से मिलकर कहाँ जायें॥

सुनित हरीश कटियार

~ अब तो ले चल मुझे मेरे गाँव में ~

अब तो ले चल मुझे मेरे गांव में,
वो दोस्ती के मेले और पीपल की छांव में।

याद आते हैं दादी नानी के किस्से,
थोड़ी सी चीजों में सबके हिस्से।
वो नमक रोटी और सत्तू का खाना,
प्यार दिखता था आंसुओं की धार में।

अब तो ले चल मुझे मेरे ....

बहुत याद आती है वो गुल्ली और डंडा,
आल्हा ऊदल के किस्से और गीतों की गंगा।
जो मैंने गवायां कोई न गवाए,
सब छूट गये हैं गांव की राह में।

अब तो ले चल मुझे मेरे............

लौटता था जब पाठशाला से,

माँ खिलाती थी खाना बड़े चाव से।

वो माँ का डांटना और फिर भी न पढ़ना,

वो बसती थी जन्नत ममता की पांव में।

अब तो ले चल मुझे मेरे गांव में,

वो दोस्ती के मेले और पीपल की छांव में।

~ कुछ भी भूले नहीं हैं ~

ये जो तुम सिखा गए हो, हम भूले नहीं हैं,

सावन वही और ऋत भी वही है, बस झूले नहीं हैं।

याद है न, हवाओं में नगमे सुना करते थे दोनों।

हर गली और हर नुक्कड़ पर, छुपके मिला करते थे दोनों॥

अभी उलझाया हुआ है कुछ ज़िम्मेदारियों ने वरना।

आज भी लड़ जाता हूं मुकद्दर से, कि क्यों तेरे यादों के मेले नहीं हैं॥

ये जो तुम सिखा गए हो, हम भूले नहीं............

याद है न, दोनों पैदल कदमों से काफी दूर निकल जाते थे।

कितना भी हों गुस्सा, बस आंखों में जो झांके तो पिघल जाते थे॥

अब तो एक अलग ही आलम है, तेरे दीवाने के।

जिंदगी से हार चुके हैं, बस अभी तक साँसों को लेना भूले नहीं हैं॥

ये जो तुम सिखा गए हो, हम भूले नहीं.............

याद है न, रातों में चुपके चुपके खत लिखा करते थे,

आईने में जो देखते खुद को, तो तुम दिखा करते थे।।

अब एक अरसे से, खुद को देखा नहीं।

जिंदगी में एक मजाक हो गए हम, बस अब वो हंसी और ठिठोले नहीं हैं।

ये जो तुम सिखा गए हो, हम भूले नहीं हैं।

सावन वही और ऋतु भी वही है, बस झूले नहीं हैं।।

~ बहना ~

मेरी बहना मेरी मोहब्ब्त की शुरुआत है,

वो ही मेरी पहली मुस्कराहट और वो ही आंसू की धार है।

वो बचपन की जंग और वो ही लड़कपन की पतंग है,

वो मेरी खो-खो की दौड़ और वो ही अस्सी नब्बे की पूरी सौ है।

क्या बताऊँ मेरी बहन के बारे में,

कभी शोला है तो कभी शबनम है।।

मेरी बहना मेरी..........

वो मेरी पाटी और खड़िया है,

और वो ही मेरी चूरन की पुड़िया है।

कभी लड़ती तो कभी मनाती है,

मै उसका गुड्डा तो वो मेरी गुड़िया है।।

मेरी बहना मेरी............

मेरे दुआ के उठते हाथों की वो ही सदा है,

वो मेरी आंखो की ठंडक वो ही चढ़ता बुखार है।

वो सलामत रहे हमेशा मेरी मुस्कराहट की खातिर,

वो जनम-जनम की साथी और वो ही प्यार की फुहार है॥

मेरी बहना मेरी मोहब्बत की शुरुआत है,

वो ही मेरी पहली मुस्कराहट और वो ही आंसू की धार है।

~ एक लड़की के बारे में ~

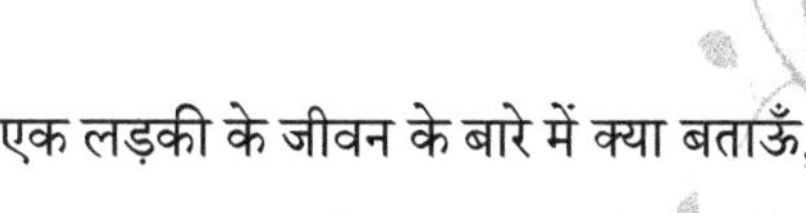

एक लड़की के जीवन के बारे में क्या बताऊँ,

सच बताऊँ या झूठ बताऊँ।

एक लड़की के कितने रूप गिनाऊँ,

माँ, बीवी, बेटी या और बताऊँ।।

ज़िंदगी भर कुछ नहीं कहती,

बस चुप रहकर सबकी सुनती।

बचपन भर माँ बाप की सुनती,

जवानी भर पति की सुनती।।

क्या हुआ बुढ़ापे में, क्या ये भी बताऊँ।

एक लड़की के जीवन के बारे में ....

बचपन भाई को प्यार करके बिताए,

दुनिया की बुरी नज़र से खुद को बचाए।

जवानी भर पति की सेवा में बिताए,

कैसे पालती है बच्चों को, क्या ये भी बताऊँ।।

एक लड़की के जीवन के बारे में क्या बताऊँ,

सच बताऊँ या झूठ बताऊँ।

एक लड़की के कितने रूप गिनाऊँ,

माँ, बीवी, बेटी या और बताऊँ।।

~ मुझे तो मेरा पटेल चाहिए ~

मुझे तो मेरा पटेल चाहिए,

जो लड़े गरीबों के लिए ऐसा एक सरदार चाहिए।

गांधी का जो हो अहिंसा शस्त्र,

एकता का जो हो ब्रह्मास्त्र।

इतिहास जो ऐसा फिर दोहराए,

ऐसा एक लौहपुरूष चाहिए।

मुझे तो मेरा पटेल चाहिए......

फिर एकता का एक पाठ पढ़ाए,

हर मजहब को गले लगाए।

गरीबों के लिए एक अडिग खड़ी रहे,

ऐसी एक चट्टान चाहिए।

मुझे तो मेरा पटेल चाहिए.........

किसानों के हित में सोच जाए,

दलितों को भी सम्मान दिलाए।

सोच के दौर हों या कामयाबी के बिगुल,

बस मुझे तो देश का विकास चाहिए।

मुझे तो मेरा पटेल चाहिए,

जो लड़े गरीबों के लिए ऐसा एक सरदार चाहिए।

~ चाँद ~

ऐ चाँद मुझे तेरा इंतजार करना आता है।

ये जिंदगी क्या ही है उसपे जां भी निसार करना आता है।।

रब मेरी मोहब्बत को सलामत रख,

उसमे मेरा चाँद नजर आता है।

सारा जहां होगा तेरी रोशनी से रोशन,

पर मेरा दिल उसके अक्स से ही रोशन हो पाता है।।

ऐ चाँद मुझे तेरा इंतजार करना.......

लहजे जो भी हों मेरे उनके दर्मियां,

मायूस दिल भी हमारा उनकी मुस्कराहट मात्र से ही पिघल पाता है।

अरे हम तो उनकी हर एक अदा को उस आसमां में सजों दें,

पर कमबख्त उनकी अदाओं से ही तो ये दिल सम्भल पाता है।।

ऐ चाँद मुझे तेरा इंतजार करना आता है।

ये जिंदगी क्या ही है उसपे जां भी निसार करना आता है।।

~ तेरी याद आई थी ~

निकला था जब तेरी गली से, तो तेरी याद आई थी।

तेरे खत थे जब जलाए, तो आँख खूब रोई थी।।

तेरे हाथों की लकीरों में, मेरी मोहब्बत की तहरीरें थीं।

तेरे होंठो के लफ्जों में, मेरी चाहत की तकदीरें थीं।।

तूने हाथ को जो मेंहदी से रचाए, तो रात फूट फूट के रोई थी...

निकला था जब तेरी गली से.........

तेरी शाखों के पत्तों पे मेरे फूलों का गुलशन था।

तेरे आंगन की तुलसी में मेरे नाम का पानी था।।

तूने जो डोली सजाई, तो चौखट टूट टूट के रोई थीं.......

निकला था जब तेरी गली से..........

मेरे घर के मंदिर में तू देवता बन कर बैठा था।

ख्वाबों के आइने में तू मुझसा बन कर बैठा था।।

तू जब हुई पराई तो, मोहब्बत घुट घुट रोई थी......

निकला था जब तेरी गली से, तो तेरी याद आई थी।

तेरे खत थे जब जलाए, तो आँख खूब रोई थी।

~ शायरियाँ ~

गलतियाँ करता जरूर हूँ पर गुनहगार नहीं हूँ,

सही राहों पर हूँ पर वाजिब मुकाम नहीं हूँ।

बस एक आपकी माफी का साथ चाहता हूँ,

सम्भल जाऊंगा एक दिन, पर अभी समझदार नहीं हूँ।

क्रिस्मत का मारा हूँ तभी तो मुक़द्दर के लायक़ नही,

दर दर की हक़ीक़त से वाक़िफ़ हूँ तभी तो महफ़िल का शायर नही।

सुकून सारा का सारा तिलमिला रहा बिन उनके,

उसकी ही गली का बदनाम मुसाफ़िर हूँ तभी तो मंजिलों के लायक़ नही।।

चन्द लम्हों में उनको भुला दूं, ऐसी हमारी मोहब्बत नहीं।

जमाने को सब कुछ बता दूं, ऐसी हमारी चाहत नहीं।।

रहनुमा बन कर जो सदियों से है, मेरे दिल में।

नजरों से उसे गिरा दूं, ऐसी हमारी इनायत नहीं।।

सुर्ख आँखों का सबब, रोता हुआ दिल समझ सकता है।

टूटे ख्वाब को, एक कांच का टुकड़ा समझ सकता है।।

तू लाख मेरे दिल की बैचैनी समझ ले पर।

मेरे दर्द का सबब, सिर्फ खारा समंदर ही समझ सकता है।।

सेहर तेरी मोहब्बत का, अब रुलाती नही हमको।

जान बूझकर चाहत रास आती नही हमको॥

तिलिस्म उस इश्क़ का, इस कदर शामिल है मेरी ज़िंदगी में।

उसे भूल सकता नही और वो याद आती नही हमको॥

हर खुशी में लहर की समंदर तुम हो,

मै एक सिमटा सा किनारा और झरोखों की भंवर तुम हो।

मै डूबना चाहता हूँ तेरी मोहब्बत की सुनामी में,

मै एक बंजर पड़ी ज़मीन और सावन की फुहार तुम हो॥

शोहरत के ख़्वाब सोने नही देते,

उनके ख़्वाब हमको रोने नही देते।

लफ़्ज़ जो अभी तक ख़ामोश हैं,

और ख़ामोश लफ़्ज़ हमें उनका होने नही देते॥

सदियों बाद उनसे दो लफ़्ज़ बात हो गई,

आसमां भी झुका और फूलों से भरी बरसात हो गई।

दिल ने आज फिर अपनी आवाज से गूंज फैला दी,

और देखते ही देखते समंदर की किनारों से मुलाकात हो गई।।

तबादले कर दो उन सारे मुसाफिरों के,

जिनकी जिंदगी राह-ए-मंजिल में गुमराह हो चुकी हैं।

मंजिलें तो वैसे भी हासिल नहीं उनको,

शायद कोई मंजिल ढूंढ ले उनको, जोकि तबाह हो चुकी हैं।

शायराना अंदाज की क्या तारीफ करूं,

लफ़्ज़ खामोश हैं आँखों से बात करूं।

हर कहीं उनके ही चर्चे आम रहते हैं,

जब सोऊँ तो सपनों में भी उनसे मुलाकात करूं।।

एक गुलाब सी है, दोस्ती हमारी।

कांटे बहुत हैं पर खुशबू फिर भी देती है, दोस्ती हमारी।।

महज साथ देने भर के नहीं हैं हम,

डाली से टूटे भी तो, महक नहीं छोड़ती दोस्ती हमारी।।

जिंदगानी से शिकवे नहीं, गिले तो मोहब्बत से हैं,

प्यार से शिकवे नहीं, गिले तो अपने फ़ैसले से हैं।

जब लोगों के मतलब निकल जाते हैं तो रास्ते बदल लेते हैं,

रस्तों से शिकवे नहीं, गिले ती मंज़िलों से हैं।।

लोग दर्द भी देते हैं और इलाज भी,

मोहब्बत में रुसवा हुए और गुनहगार भी।

अब तो हिम्मत नहीं कि किसी से नजरें मिलायें,

अब तो आईने भी चुभते और कांच भी।

बहुत थक गए है मंजिल की तलाश में,

अपने भी छूट गए रास्ते के फिराक में।

अब तो कोई मिल जाए साथ देने वाला,

सुकून भी लुट गया उसके इंतजार में।

रास्ते खुद खोजे तो बदनामियों के कारवां मिल गए,

उनकी चाहत में न जाने कितने लोगों के दिल जल गए।

हम हसरतों में डूबे रहे कि कहीं वो रुकसत न हो जाए,

मंजिले तो हासिल न हुईं पर लाखों गम इस दिल से जुड गए।

अहले-ए-वफा पा जाओगे,

थोड़ा सबर कर मोहब्बत ढूंढ लाओगे।

इंतजार कर एक अच्छे पल का,

जिसको चाहोगे उसको पा जाओगे।

इल्जाम जो उनसे मिले दिल में दबाए बैठे थे,

दर्द सारे मोहब्बत के दिल में छुपाए बैठे थे।

आंसू को आँखों तक आने नहीं दिया कभी,

तकरार जब फिर हुई उनसे सब लुटाए बैठे थे।

बहुत रोया हूँ सुकून की तलाश में,

पत्थर से टकरा गए मोहब्बत की आस में।

किस्मत की लकीरों के तो ईमान डोल गए,

जब हमने गलती पाई मोहब्बत के हिसाब में।

फिर जिंदगी के काफिले आ गये हैं,

फिर वही दिन और मंजर आ गये हैं।

अब क्या लिखूं उसकी चाहत के बारे में,

जो जिंदगी थे कभी आज वो मौत बनकर छा गये हैं।

मेरी पहली मोहब्बत की आस है आप,

मेरी हर ख्वाहिश की फरियाद हैं आप।

हम खुदा से पहले मै आपका नाम लूंगा,

क्योंकि मेरी धड़कन की साज हैं आप।

तेरी दोस्ती पर आज भी गुमान होता है,

तुझे साथ न देखकर दिल आज भी रोता है।

वो तेरा हर कदम पे मेरे साथ होना,

महफ़िलों में आज भी ये दिल उदास होता है।।

यादें कुछ बचपन की फिर संजो लाया हूँ,

पानी की थाली में चांद पकड़ लाया हूँ।

मिट्टी के न जाने कितने खिलौने बनाए होंगे,

गुड्डा और गुड़ियों में सारे रिश्ते पिरो लाया हूँ।।

अभी हमारी बज़्म में एक चेहरे का बसर है,

बस उसकी ही चाहत का चारों तरफ ज़िकर है।

रफ्ता-रफ्ता उनकी इबादत में खुद को उनके हवाले कर रहे हैं,

अभी तो उनकी मोहब्ब्त की सर्द हवाओं का असर है।।

कांटों की डगर को भी फूल बना दूं,

तू बोले तो जमीं को भी आसमां बना दूं

बहुत मजबूर लगते हो हालात के हाथों,

तू बोल तो सही, तेरे हर कदम को एक मंजिल बना दूं।

किसी का ज़बाब तो किसी का सबाल हूँ मैं,

हर एक नए मोड़ पर एक नया बवाल हूँ मैं।

न जान कि मै क्या चीज हूँ,

आईना दिखता हूँ पर तेरे मुंह का हाजिर ज़बाब हूँ मैं।।

अंधेरों से लड़ने दो हमें उजाला न दिखाओ,

बस हमारा साथ दो हमें चलना न सिखाओ।

हमें भी मालूम है जिंदगी की सच्चाई,

हमें मंजिले पानी हैं तो हमें उड़ना न सिखाओ।।

सोचा भी नहीं मुलाकात हो गई,

बस राहों की तकदीर से यूं ही बात हो गई।

बहुत खूब हैं इन रास्तों के मोड़,

जब भी जिंदगी निराश करती, अगले ही मोड़ पर शुरुआत हो गई।

शुक्र करो उन बेटों का जो हंसकर क़ुर्बान हो गये थे,

न भूलो उनको जो आज़ादी के लिए शहीद हो गये थे।

आँखों में आंसू लेकर उनके जज़्बे को सलाम करो,

जो फंदों को चूमकर इंक़लाब हो गये थे।।

अरे वो जो हमको भुलाए बैठे हैं,

कह दो उनसे हम भी ज़िद लगाए बैठे हैं।

उस मुकद्दर से बगावत तो थी ही,

अब तो मौत से भी शर्त लगाए बैठे हैं।।

दर्द ज़रा रुक तेरा भी हिसाब करूंगा,

अभी उलझा हूँ दिल की तन्हाई दूर करने मे।

आग में काफी सुरूर बाकी है अभी,

हूँ बुझा हुआ पर धुंआ बाकी है अभी।

ज़माने के लोग हमें गुजरी कहानी बना दिए,

उनसे बोल दो कि बुलंदियों सी रवानी बाकी है अभी।

ऐ मेरे मुकद्दर हमसे बगावत न कर,

चाहे तो जान ले ले पर उसे हमसे जुदा न कर।

यूँ तो सारी दुनिया ने हमे छोड़ दिया है,

बस उसकी महफिल मे हमे यूँ तनहा न कर।

मेरा मुझमें कुछ रह नहीं गया,

वो सब्र लेकर भी कुछ कह नहीं गया।

आसमानों से ऊंचा दर्जा लिए बैठा है वो मुझमें,

रब भी अब अंदर रह नहीं गया।।

वो पहाड़ों पे बैठ कर, नदी की गहराई बता गए।

हम मझदार में थे और, वो ऊपर से तैरना सिखा गए।।

हसरतें मेरी उस भंवर में डूबती दिख रही थीं।

पर लहरों के झरोखे, हमे तैरना सिखा गए।।

सोच बदलो दुनिया बदल जाएगी,

कदम बढ़ाओ डगर साथ जाएगी।

कभी खुद को खुद मे खोजकर तो देखो और,

बस एक सपने का पीछा करो, सारी दुनिया पहचान जाएगी।

उठो कि अभी दूर तक जाना होगा,

बहुत कुछ है इस जहान में कुछ तो पाना होगा।

यूं ख्वाबों-ख्यालों में रहने से काम न चलेगा,

कुछ तो ख्वाब होंगे जिनको सच करना होगा।

बड़े कमाल के थे वो दिन जब रातें उनकी मोहब्बत की थीं,

बड़े बेमिसाल से थे वो पल जब घड़ियाँ उनके इंतजार की थीं।

भूल के भी भूल नहीं सकते उनके साथ के वो मंजर,

बड़े ही यादगार थे वो सफर जब राहें उनके इकरार की थीं।

इंतजार-ए-लम्हों की ख़्वाहिश हो तुम,

इस दिल-ए-महफ़िल की फ़रमाइश हो तुम।

कभी मेरी तनहाईयों से मेरे हाल-ए-दिल पूछो,

तो जानोगे कि मेरे ख्वाबों की नुमाइश हो तुम।

है तकाज़ा वक़्त का कि माफ़ी मांग लूं उनसे,

थोड़ा प्यार करूं और सारे गम मांग लूं उनसे।

बहुत ही दिन हो गए उनकी आवाज सुने,

है लम्हों की मांग यही कि इल्ज़ाम सारे ले लूं उनसे।

ऐ मेरे मुक़द्दर हमसे बगावत न कर,

चाहे तो जान ले ले पर उसे हमसे जुदा न कर।

यूँ तो सारी दुनिया ने हमें छोड़ दिया है,

बस उसकी महफिल मे हमें यूं तनहा न कर।

लहर सी खामियां हैं मुझमे,

मझदार से निकल कर मिलता हूँ किनारों से।

पर कमबख़्त किनारों को हमारा साथ भाता नही,

बस इल्जाम-ए-जुदाई लिये मझदार मे समा जाता हूँ।

आईने सा साफ दिल कहाँ से लाऊं,

गुलाब सा खिला नकाब कहाँ से लाऊं।

ये जिंदगी तो तेरे नाम कर दी थी,

अब जिसे दिल अपना कहे, ऐसा आप सा और कहाँ से लाऊं।

किसी को बेहतर दिखता हूँ, किसी को बद्तर दिखता हूँ।

जैसी लोगों की सोच, मै बिल्कुल वैसा ही दिखता हूँ।।

किस-किस को सफाई दूं, थक गया हूँ मै।

अब बता दूं सबको, मै बिल्कुल खुद सा दिखता हूँ।।

साथ तेरे होने से आसमां भी ज़मीं सा लगता है,

महज तेरे मुस्कराने से कली भी फूल सा लगता है।

तुझसे कैसे कह दूं कि तू क्या लगती है मेरे हमदम,

एक तेरे साथ में, मेरा गम भी ख़ुशी सा लगता है।।

रख कदम ऐसे कि आसमानों में हलचल हो उठे,

आगे बढ ऐसे कि हवाओं से तूफान हो उठे।

तुझे बहुत दूर तलक तक जाना है अभी तो,

जुनून बना ऐसा कि मंज़िलों को भी ललक हो उठे।।

मेरी हर ख़्वाहिश का वो मसीहा है,

मेरे ख्वाब पूरे होने का वो एक ज़रिया है।

वो कई बार हारा है एक मेरी जीत की खातिर,

कैसे कह दूं कि ये वजूद बिन उनके पूरा है।।

हर मेरी ख़्वाहिश मेरे सोचने से पहले पूरी कर दी,

अपनी जिंदगी की सारी खुशी हमारे नाम कर दी।

बहुत कुछ खोया उन्होंने एक मेरा ख्वाब पूरा करने के लिए,

मेरे पापा ने अपनी सारी उम्र खर्च हमारी परवरिश में कर दी।।

मेरी हार हमेशा, कोशिशों को दोष देती है,

और कोशिश हमेशा, जीत को इलज़ाम देती है।

वक़्त का तगाजा तो देखो इन सब में,

सिर्फ मेहनत ही हमेशा मेरा साथ देती है।।

मेरे सारे ज़ख्मों की दवा तू ही है,

मेरे आँखों का हंसी ख्वाब तू ही है।

तू इस कदर जुड़ चुका है मुझसे ऐ मेरे दोस्त,

कि मेरी खामोशियों का जवाब तू ही है।।

उनकी खुशी पे अपने गमों की रवानी को लिखना पड़ा,

दहकते हुए शोलों पे आँखों के पानी को लिखना पड़ा।

बहुत मगरूर रहा जब तक हमारे साथ रहा,

हमसे बिछड़ने के बाद उनको भी कांटों की चुभन को दामन में
लिखना पड़ा।।

ज़िंदगी की कहानी बिन उसके कैसे लिख दूं,

आसमां सी रवानी बिन उसके कैसे तय कर दूं।

एक मुद्दत से उसकी यादों ने घेरा हुआ है,

आप ही बताओ अपना दिल आपके हवाले कैसे कर दूं।।

तेरे ख्वाबों की एक सुंदर ताबीर बन जाएगी,

तू थोड़ा सब्र रख आँखों की नमी में भी खुशी नजर आएगी।

वक़्त के तगाजे में वो सितारों सी चमक आएगी ज़रूर,

जिनमे कि तू हंसे तो चांदनी भी अपना जलवा दिखलाएगी।।

एक रोज तुझे आसमां पर ले जाऊंगा,

सितारों के बीच ही अपना कारवां बनाऊंगा।

आज सिर्फ होठों को चूम लेने दे,

कल तुझे बाहों के पालने में झुलाऊंगा।।

ज़िंदगी के आशियाने में तुम कहीं रहते हो,

आँखों की पलकों से कुछ कहते हो।

कभी तो समझ जाया कर मेरी खामोशियों के आलम,

क्यों हमेशा तनहाईयों में यूं झरनों सा बहते हो।।

अभी हमारी बज़्म में एक चेहरे का बसर है,

बस उसकी ही चाहत का चारों तरफ ज़िकर है।

रफ्ता-रफ्ता उनकी इबादत में खुद को उनके हवाले कर रहे हैं,

अभी तो उनकी मोहब्बत की सर्द हवाओं का असर है।।

तेरी दोस्ती की एक कहानी लिखूंगा,

उनमें खुशियों की रवानी लिखूंगा।

चाहें जितने ज़िंदगी में फ़ासले हों तेरे मेरे दरमियाँ पर,

इन पलकों में तेरी आँखों का पानी लिखूंगा।।

कांटों की डगर को भी फूल बना दूं,

तू बोले तो जमीं को भी आसमां बना दूं,

बहुत मजबूर लगते हो हालात के हाथों,

तू बोल तो सही तेरे हर कदम को एक मंजिल बना दूं।

नींदों से निकलकर ख्यालों में आ गए,

ख्यालों से निकले तो यादों में छा गए।

कभी तो अकेला छोड़ दिया कर ऐ मेरी ज़िंदगी,

अकेला हुआ जो कभी तो आंसू बनकर बह गए।।

जब ज़िंदगी की तस्वीर सामने आती है,

तो उनका ज़िक्र करके ज़ुबां अपना फ़र्ज़ निभाती है।

तू मेरे हर लफ्ज़ में कहानी की तरह है और,

यादें तेरी आज भी मोहब्बत के नगमें गुनगुनाती है।।

कोई मेरे दिल से पूछे कि हम क्या रखते हैं,

गमों की नींव पर खुशियों के महल रखते हैं।

वो जो कहीं दूर से हमारे गमों का अंदाजा लगाते हैं,

उनसे बोल दो तेज़ लहरों में भी कश्ती चलाने की हिम्मत हम रखते हैं।।

हर कदम एक नई कहानी है,

कहीं शोला तो कहीं पानी है।

तू रुकी न पीछे देखी न,

मंजिलें आगे चलकर ही पानी है।।

उठाई कलम तो हाल-ए-दिल ही बयां हुआ है,

इश्क मज़हब है तो इबादत ही खुदा हुआ है।

इंतजार-ए-लम्हे मति पूछ मेरे दिल के रेत से,

इधर करो तो फिसले और उधर करो तो कम ही हुआ है।

हौसलों के कद आसमां तक ले चल,

रास्ते कितने भी कठिन हों तू निडर ही चल।

कभी तो मंजिल थकेगी भागते-भागते,

अभी जो रास्ते मिले बस तू उन पर न फिसल।।

ये काफ़िले भी बड़े अजीब होते हैं,

किसी के करीब तो किसी के रकीब होते हैं।

तबस्सुम के ज़रिए उनको यादों में जिंदा रखा है,

वरना आज के दौर में किसके ऐसे हबीब होते हैं।।

चल कि बहुत दूर तलक जाना होगा,

तुझे कांटों की डगर को भी आसान बनाना होगा।

हौसलों के कद कर ले आसमानों से ऊपर,

अभी तो अंगारों से निकल कर मंजिल को पाना होगा।।

हासिल मोहब्बत के हमसे न पूछो,

ज़िंदगी की उलझनें हमसे न पूछो।

एक बेवफा को बेवफा जानकर भी मोहब्बत की,

क्या चुकाई कीमत-ए-बेवफाई हमसे न पूछो।

रुख जिंदगी का मोड़ देंगे,

जो तू न मिली तो ज़र्रे-ज़र्रे में पिरो देंगे।

अभी मेरी ज़िद को जाना कहाँ है ज़िंदगी ने,

गर कर दी ज़िद तो, आसमां को भी ज़मीं कर देंगे।

खोजने से खुदा मिल जाता है,

बनाने से कारवां बन जाता है।

बस शिकायत हमेशा इस मोहब्बत से रही,

चाहो जिसे चाहे जितना लेकिन वो बेवफ़ा बन जाता है।

अब सफ़र से दूर निकल आया हूँ,

लगता है कुछ फ़ासले छोड़ आया हूँ।

हमारे तुम्हारे दरम्यान जो कुछ बचा था,

वो सब आँखों की नमी में सजों लाया हूँ।

ये शाम सुकून लेकर आने वाली है,

उजाले अब अंधेरों की गहराइयों में छुपने वाले हैं।

अब तो उनके दीदार होने की ऋतु आयी है क्योंकि,

हम उनसे फिर सपनों में मिलने वाले हैं।

ये खामोश डगर उनकी याद दिलाती है,

बीते दिनों की साथ होने की सौगात सताती है।

यूं ही तनहा चलने की आदत सी हो गई है बिन आपके,

अब खुद की परछाई भी मुझे तुमको अपने साथ बताती है।

बोलो तो तुमको आसमां बना दूं,

या दूर फ़लक का चाँद बना दूं।

अरे हमारी कलम में बहुत ताकत है जनाब,

बोलो तो पूरा जहां बना दूं।

अरे ये जो मुस्कराहट है ये मेरी मोहब्बत है,

तेरे होंठो के इल्जाम भी मेरी इश्क की इबादत है।

बहुत ही मजबूर और बेबस से लगते हो बिन हमारे,

ज़माना भी पहचानता तुमको हमारे नाम से, ऐसी लोगों की कहावत है।

सोच बदलो दुनिया बदल जाएगी,

कदम बढ़ाओ डगर साथ जाएगी।

कभी तो खुद को खुद मे खोजकर तो देखो और,

बस एक सपने का पीछा करो सारी दुनिया पहचान जाएगी।

सोचने की मोहलत से हो गए हो,

मोहब्बत की दौलत से हो गए हो।

कभी तो समझ जाओ हमारी खामोशी को,

इन होंठों की बेवक्त मुस्कान से हो गए हो।

फिर ज़िंदगी के काफिले आ गये हैं,

फिर वही दिन और मंजर आ गये हैं।

अब क्या लिखूं उसकी चाहत के बारे में,

जो ज़िंदगी थे कभी आज वो मौत बनकर छा गये हैं।

इल्ज़ाम जो उनसे मिले दिल में दबाए बैठे थे,

दर्द सारे मोहब्बत के दिल में छुपाए बैठे थे।

आंसू को आँखों तक आने नहीं दिया कभी,

तकरार जब फिर हुई उनसे सब लुटाए बैठे थे।

किस्मत के आगे बेबाक सा हो जाता हूँ,

चलते समय के साथ रेत सा हो जाता हूँ।

बहुत बड़ी जंग चल रही है किस्मत और हमारे बीच,

वो हार बनकर आती है और मैं जीत सा हो जाता हूँ।

ज़िंदगी के करीब भी हैं और मौत के पास भी,

आप मेरे हबीब भी हैं और नसीब भी।

इस दुनिया को कैसे समझाएं हम अपनी मोहब्बत,

आप मेरे मंदिर भी हैं और भगवान भी।

मेरी हर कोशिश नाकाम हुई उसको मनाने की,

कहाँ सीखी ज़ालिम ये अदा रूठ जाने की।

हजारो मिन्नतों पर भी ख़फा रहती है वो मुझसे,

न जाने कया सजा देना चाहती है दिल लगाने की।

अभी फकत फुर्सत नही कि उनसे मोहब्बत करे,

अभी तो वो मेरे दिल को उलझाये हुये हैं।

लगता है वो भी मोहब्बत के परिणाम से परे हैं,

तभी इजहार-ए-दिल की तारीखें बढ़ाये हुये हैं।

सिर्फ चलने की बात होती तो ठीक था,

सिर्फ रिश्ते निभाने की बात होती तो ठीक था।

बात तो उनका दुःख में दामन थामकर उनको हंसाना था,

सिर्फ खुशियों की बात होती तो ठीक था।

मौसम से हो गए हो,

कभी सावन तो कभी चैत से हो गए हो।

अरे कभी तो हम पर छा जाओ अतरंगी सावन बनकर,

नज़र इस कदर कम आते हो जैसे बिन बादल बरसात से हो गए हो।

रुख जो आज खिलाफ़ है वो हमारे दरम्या से गुजरते थे,

नफ़रत ही सही लेकिन नजर से होकर निकलते थे।

वो भी आजकल नजर नहीं आते,

लगता है कि वो किसी और के हो गए, जिनकी तलाश में वो निकलते थे।

सबकी अपनी कहानी और अपने गिले हैं,

मुझे तो अपने ही दगेबाज के रूप में मिले हैं।

बहुत बड़ा कारवां था मेरे इस दिल का, उनसे मिलने से पहले,

अब तो सी रहे हैं ज़ख्म- ए-दिल, जो उनसे मिले हैं।

उसकी भक्ति पर थोड़ा तो गुरूर है,

उसकी इबादत में थोड़ा तो सुरूर है।

बड़ी ही मुद्दत के बाद उसका ठिकाना पाया हूँ,

मेरे मां-बाप के अक्स में वो समाया ज़रूर है।

कभी फकत फुर्सत मिलेगी तो हाल-ए-दिल बयाँ करेंगे,

जो हुआ तू हमदर्द हमारा, तो तेरी भी सुनेंगें।

आजमा लेना तू भी ऐ मेरे हमदम

अपना दर्द नही मिटा सके तो क्या हुआ तेरे दर्द की दबा करेंगे।

फिर ज़िंदगी के काफिले आ गये हैं,

फिर वही दिन और मंजर आ गये हैं।

अब क्या लिखूं उसकी चाहत के बारे में,

जो ज़िंदगी थे कभी आज वो मौत बनकर छा गये हैं।

आज फिर उदासी की चादर ओढ़ सो जाऊंगा,

करवट बदल बदल के बैचैन हो जाऊंगा।

आ और देख कितना रोया हूँ तेरी जुदाई में,

अब तो लगता है बिन आसूं ही बिखर जाऊंगा।।

आईना तेरा होकर रहूंगा मैं,

एक दिन खुद सा होकर रहूंगा मैं।

लाख कोशिश कर ऐ ज़िदगी तू मुझे बर्बाद करने की,

एक दिन मौत सा होकर रहूंगा।।

बहुत दिन हो गए, तुमसे मिलना चाहता हूँ।

लाश सा हूँ तुम बिन, मिलकर खाक होना चाहता हूँ।।

रोज सज कर और कपड़े बदल कर देख लिया।

अब तो सफेद कपड़े में लिपट कर, आखिरी सफ़र तय करना चाहता हूँ।।

कांच सा रहना चाहता हूँ।

किसी रोज टूट कर बिखर जाना चाहता हूँ।।

आईना था जब तब, सब अपना अक्स देखते थे मुझमें।

अब खंजर बनकर सबके दिलों में उतर जाना चाहता हूँ।।

अच्छा तो तुम यहां हो, किसी और के साथ।

मैं तो सोचा आपको चाहत है हमारे साथ।।

चाँद सा चेहरा है, हमें खबर है फिर भी।

हमें लगा आप खुश हैं इस दाग के साथ।।

अहले वफा से वाकिफ़ था मैं,

उसकी हर एक फितरत से रूबरू था मैं।

दर-दर की ठोकर मारेगा जरूर एक दिन वो क्योंकि,

उसकी हर एक नफरत के काबिल जो था मैं।।

मोहब्बत हमने इतनी की कि उनको खुदा कर दिया,

चाहत में उनकी खुद को फ़ना कर दिया।

हम मानते हैं हम दूर हुए उनसे पर इश्क अभी है लेकिन,

मुकद्दर और मजबूरी ने इस दिल की चाहत को अधूरा कर दिया।।

शहर, जिसे खामोशियों ने गुमराह किया,

वो सारी गलियों को, तेरे ही इश्क ने मगरुर किया।

सहज होता तो हम भी बच गए होते तेरे होने से,

शतरंज की बिसात ऐसी थी कि सारे पैमानों ने मशहूर किया।।

राज़ कुछ दफन कर रखें हमने,

न जाने कितनी मोहब्बत छुपा रखी है हमने।

वो क्या जाने जिन्होंने मोहब्बत ही न की,

कि कितना दर्द दिल में उतार रखा है हमने।।

इशारों में ही रहने दो हमारी मोहब्बत को,

खामोशी में खनक जरूर आएगी।

आवाज जो अभी अनकही है,

वो मेरे हाल जरूर बतलाएगी।।

तुम्हारा यूं नज़दीक आना इत्तेफाक तो नहीं।

ख़्वाब में आकर नींद से जगाना इंसाफ़ तो नहीं।।

बहुत कुछ खोया हूँ एक तेरे को पाने की उम्मीद में,

यूं हीं आशिक़ों की महफ़िल में बदनाम तो नहीं।।

लफ्ज़ जो भी हों हमारे तुम्हारे दरमियाँ,

खामोशी सारा हाल-ए-बयां कर जाती है।

हमें मालूम है तुम पसंद करते हो हमें,

बस दूर से ही हमसे नजरे मिलाकर ये रिश्ता निभा जाती है।।

मेरा झुकना मेरी कमजोरी समझ लेते हैं,

मेरे सलाम को मेरी मजबूरी समझ लेते हैं।

आईने, तेरे जैसा हुनर होता तो उनको अक्स दिखाते हम,

जो मेरे संस्कार को मेरी लाचारी समझ लेते हैं॥

शब्दों की दुनिया है, जनाब ज़रा तोल मोल के बोलो।

नम थोड़ा खुद को रखो और नमस्कार से मुँह खोलो॥

है आसमां सा गलत शब्दों की फ़रमाइशें।

हर बार ज़रा, सोच समझ के बोलो॥

ऐ रात हमें अपने आगोश में ले ले,

ख्वाबों की दुनिया अपनी बाहों में बुला ले।

ऐ वास्तविक दुनिया बनाने वाले इतनी मेहर कर हम पे,

या मंज़िलें दे नही तो अपना बना ले॥

इश्क़ है तभी तो वो मगरूर है,

खूबसूरत है तभी तो उसे ग़ुरूर है।

ये ज़िंदगी बहुत लापरवाह है थोड़ा कम इतरा,

ये याद रख हम सबका ख़ुदा ही हुज़ूर है।।

लिखते लिखते ही लिखना आएगा,

हँसते हँसते ही हँसना आएगा।

चार दिन की ज़िंदगी में किस बात की चिंता,

लफ़्ज़ दर लफ़्ज़ ही बोलना आएगा।।

ऐ रात हमारे ख़्वाब कहाँ है,

ज़िंदगी तू ही बता हमारा सुकून कहाँ है।

बहुत थक गया मंज़िलों की चाहत में

मुझे अपनी शरण में ले ले, ऐ ख़ुदा तेरी मेहरबानी कहाँ है।।

अहले वफ़ा की बात करते हो,

सात जन्मों तक साथ देने की बात करते हो।

मेरे आंसुओं की कहानी पढ़ नहीं पाते हो और,

मेरे होंठो की मुस्कराहट की बात करते हो।।

लम्हे खामोश हुए हैं पर सांसे अभी रुकी नहीं है,

उनकी लौट आने की आस अभी टूटी नहीं है।

कभी तो वक़्त करवट लेगा और मेरे दौर आएंगे,

अभी तूफां शांत हुए हैं पर जिंदगी रुकी नहीं है।।

तुम दूर जाते हो तो एक खालीपन सा लगता है,

लौट आने के उम्मीद का दिया हौले-हौले जलता है।

बहुत ज़हमत उठाई है तेरी तनहाई में ऐ ज़िंदगी,

ये वक़्त भी बेईमान हो गया बस हमको ठगता है।

मोहब्बत की आरज़ू से हिसाब मांगता हूँ,

जो कर सके इंसाफ वो तराजू मांगता हूँ।

मिटा दो सारी लकीरों को मेरे हाथों से,

बस बदले में एक मोहब्बत की लकीर मांगता हूँ।

मोहब्बतों से हमें छलनी कर दो,

अब साँस भी हम ज़ख्मों से लेंगे।

जो ज़मानते हो उनको अदा कर दी जाएं,

अब हम उनकी चाहत पाकर ही दम लेंगे।।

बहुत दूर तलक जाना है तो सोच में शोरिश करो,

दिल की इमारतें बनानी हैं तो रिश्तों की गुज़ारिश करो।

हंसते हुए टाल दो हर मुश्किल ज़िंदगी की,

और ग़र मंज़िलें पानी हैं तो अपने ख़्वाब की परवरिश करो।।

उड़ जाऊं पतंग की तरह,

बाहें फैला दूं आसमान की तरह।

तू जो हमारा साथ दे ऐ दोस्त,

सदियां भी जी जाऊं एक पल की तरह।।

उनकी अदाओं के काफिले भी अजीब थे,

जो उनके दुश्मन हुए वो उनके ही हबीब थे।

खौफ खाता हूँ इस मुक़द्दर की लिखावट पर,

जो हमको जान से प्यारे हुए, वो ही हमारे रकीब थे।

रोशनी अपनी नुमाइश नहीं करती,

महफ़िल कोई फरमाइश नहीं करती।

बहुत बेदर्द हो गया मेरा सनम,

मै उफ़ नहीं करता और वो कोई गुंजाइश नहीं करती।

अब ज़माने में माफी कौन मांगता है,

सब अपने में ही खुश हैं, दूसरे को कौन जानता है।

दिल तोड़ने का दौर चला है अब तो,

सब अपनी कहते हैं, दूसरों की कौन सुनता है।।

रुख मोहब्बत के अख़्तियार करते डर लगता है,

अब अंधेरों से नहीं उजालों से डर लगता है।

ऐ आसमां में बैठकर फैसले करने वाले,

अब तो तेरे फैसले से नहीं, तेरी मेहरबानी से डर लगता है।

लम्हों के ख़्वाब, सदियों की नींद ले गया।

चंद मुस्कराहटें उनकी, सारी ज़िंदगी का ग़म दे गया।।

सारी ज़िंदगी बस दो पल जीना चाह रहे थे कि।

एक चाँद के दीदार में, अमावस्या सी रातें दे गया।।

ऐ ज़िंदगी तू भी बड़ी मगरुर है,

मेरे महबूब की तरह तुझे भी गुरूर है।

वक्त आने दे तेरा भी हिसाब कर दूंगा,

नहीं तो बाद में तू भी बोलेगी कि सब मेरा ही कसूर है।

इतनी भी बंदिश अच्छी नही,

इतने भी चेहरे पे नक़ाब जायज़ नहीं।

छुपाना है मोहब्बत तो छुपाओ, कोई गिला नही,

बस इश्क़ में बेवफ़ाइयाँ जायज़ नहीं।।

किसी का ज़बाब तो किसी का सवाल हूँ मैं,

हर एक नए मोड़ पर एक नया बवाल हूँ मैं।

न जान कि मैं क्या चीज़ हूँ,

आईना दिखता हूँ पर तेरे मुँह का हाजिर जवाब हूँ मैं।।

ये जो दर्द अकेले सहते हो, इसमें हमारा भी हिस्सा है।

तुम्हारे अकेले की नहीं है ये मोहब्बत, इसमें हमारा भी क़िस्सा है।।

सोचने की खोखली महफ़िलों से ना झांको, असलियत के झरोखों से

देखो। जो भी तुम अपना मान बैठे हो, वो सारी की सारी मेरी ही चाहत

का क़िस्सा है।।

इस शहर में वाजिब मुक़्क़ाम ढूंढता हूँ,

आसमाँ सा ख़्वाब और ज़मीं सी हक़ीक़त तरासता हूँ।

हर एक शख़्स तनहा ही मिला महफ़िलों में,

ऐ आईने तेरे अक्स में खुद को खंगालता हूँ।।

न जाने उसके आंसू मेरे आँखों से क्यों निकलते हैं,

न जाने उसके दुःख मेरे दिल में क्यों चुभते हैं।

कुछ तो रिश्ता जरूर है मेरा उससे,

जब वो हँसता है तो मुस्कान मेरे होंठो से गुजरती है।।

उससे पूछेंगे किसी दिन, हमारी इबादत के बारे में।
वो खामोशियों से लफ़्ज़ और, हमारी इनायत के बारे में।।
थोड़ा सा याद तो आते होंगे, वो हमारे साथ बिताये गये पल।
वो चाहत भरी बाहें और, हमारी तड़प के बारे में।।

वक़्त की आँधियों से लड़कर खड़े ही थे,
कि आसमानों ने गरजना शुरू कर दिया।
अभी कुछ कदम ही बढ़ाए थे मंजिल की तरफ,
कि अपनों ने ही पीछे खींचना शुरू कर दिया।

कुछ खामोश से हो गए हो,
लगता है हमसे नाराज़ से हो गए हो।
तू शामिल नहीं मेरी कहानी में तो क्या हुआ,
इन उठते हुए हाथों की दुआ तो हो गए हो।

क़वायद महफ़िलें सजीं भी न और मगन हो गये,

उनकी गली में गये भी न और क़त्ल हो गये।

मैख़ाने की सीढ़ियों पे कभी कदम नही रखे,

बस उनकी मदहोश आँखों से, हम नशे में सराबोर हो गये।।

शायराना अंदाज की क्या तारीफ करूं,

लफ्ज़ खामोश हैं आँखों से बात करूं।

हर कहीं उनके ही चर्चे आम रहते हैं,

जब सोऊं तो सपनों में भी उनसे मुलाकात करूं।।

शुक्र कर की तुझे बदनाम नहीं किया,

इन महफ़िलों में गुमनाम नहीं किया।

कहीं न कहों तेरी मोहब्बत रह गयी दिल में,

तभी तो आंसुओं को सरेआम नहीं किया।।

हमें नही पता किधर खोया रहता हूँ,

बस उनकी मोहब्बत में आँखें भिगोया रहता हूँ।

बहुत हासिल सी है वो पाने की ललक है इस कदर,

कि खोने के डर से उनकी बाहों में सोया रहता हूँ।।

एक बुलंदी की कामयाब मुक़ाम हैं वो,

हमारे दिल की चाहत तमाम हैं वो।

चाहत की कहानी कह तो दूँ इस ज़ालिम समाज से,

पर मेरे दिल के राज़ से भरा गुल्फ़ाम हैं वो।।

मज़हब की दीवारों पे इंसानियत का लहजा बाकी है अभी,

तुममें कहीं राम जरुर है और हममें रहीम बाकी है अभी।

मेरी सलामती की दुआ अक्सर अल्लाह से तुमने की,

और मेरी इबादत में तेरी अज़ान बाकी है अभी।।

उनकी मेहंदी में ख़ुद की मोहब्बत का रंग देखना है,

उनकी सिंदूर भरी माँग में ख़ुद की उम्र को देखना है।

इंतज़ार-ए-दिन के पल सदियों में बीत रहें हैं अब तो,

बस उनकी बाहों में ख़ुद को बिखर कर, ख़ुद को जुड़ते देखना है ॥

भगवा की कर्मभूमि पे, तेरा तेजस अपार है।

तू शेर सा ख़ूँख़ारी से, तू ही जीजाबाई का दुलार है॥

तू एक अडिग पहाड़ सा, मुग़लों की करारी हार है।

झुका कभी भी न किसी के आगे से, ऐसी तू हुंकार है॥

कोई चिंगारी अब भी कहीं दबी होगी,

हवा चली तो पूरा जहाँ फुंक जाएगा।

मेरी मोहब्बत के आईने चकनाचूर हो गये,

जो कभी मेरे थे अब किसी और के हो गये।

उनसे कह दो इश्क़ अधूरा रहे तो मोहब्बत आबाद है,

डर है कि पूरा हो गया तो चाहत बर्बाद न हो जाए।।

वो चेहरे पर नक़ाब पहने बहुत दूर तक साथ चले,

जब आईना सामने आया तब मुँह छुपा लिए।।

मेरी कहानी फकत गम में डूबी रही,

और वो हमें पैमानों में खोजते रहे।

जो किताबें लोगों के दिलों तक जाती हैं,

उनकी कहानियाँ अक्सर अधूरी होती है।

वक़्त की कहानी से मेरे हालात न पूछ,

कहानी खुद उलझी हुई है मेरे हालात सुलझाने में।

जो कारवां हासिल करना मुमकिन न हो,

उनको वक़्त के हालात पर छोड़कर आगे बढ़ जाना चाहिए।

आँसुओं की कद्र न कर, मोहब्बत की बू आती है।

गलतफ़हमियाँ सुकून देती हो तो पाल लेनी चाहिए।

सच्ची मोहब्बत सिर्फ़ दिलों से होकर अधूरे पन्नों में सिमट जाती है।